Arthur Rimbaud

Una temporada en el infierno

Antaño, si mal no recuerdo, mi vida era un festín donde corrían todos los vinos, donde se abrían todos los corazones.

Una noche, senté a la Belleza en mis rodillas. Y la encontré amarga. Y la injurié. Yo me he armado contra la justicia.

Yo me he fugado. ¡Oh brujas, oh miseria, odio, mi tesoro fue confiado a vosotros! Conseguí desvanecer en mi espíritu toda esperanza humana. Sobre toda dicha, para estrangularla, salté con el ataque sordo del animal feroz.

Yo llamé a los verdugos para morir mordiendo la culata de sus fusiles. Invoqué a las plagas, para sofocarme con sangre, con arena. El infortunio fue mi dios. Yo me he tendido cuan largo era en el barro. Me he secado en la ráfaga del crimen. Y le he jugado malas pasadas a la locura.

Y la primavera me trajo la risa espantable del idiota.

Ahora bien, recientemente, como estuviera a punto de exhalar el último ¡cuac! pensé en buscar la llave del antiguo festín, en el que acaso recobrara el apetito.

Esa llave es la caridad. ¡Y tal inspiración demuestra que he soñado!

"Tú seguirás siendo una hiena, etc... declara el demonio que me coronó con tan amables amapolas. "Gana la muerte con todos tus apetitos, y con tu egoísmo y con todos los pecados capitales".

¡Ah! ¡por demás los tengo! Pero, caro Satán, os conjuro a ello, ¡menos irritación en esos ojos! Y a la espera de las pocas y pequeñas cobardías que faltan, desprendo para vos, que amáis en el escritor la ausencia de facultades descriptivas o instructivas, unas cuantas páginas horrendas de mi carnet de condenado.

La mala sangre

De mis antepasados galos, tengo los ojos azul pálido, el cerebro pobre y la torpeza en la lucha. Me parece que mi vestimenta es tan bárbara como la de ellos. Pero yo no me unto de grasa la cabellera.

Los galos fueron los desolladores de animales, los quemadores de hierbas más ineptos de su época. Les debo: la idolatría y la afición al sacrilegio; ¡oh! todos los vicios, cólera, lujuria, la lujuria, magnífica; sobre todo, mentira y pereza.

Siento horror por todos los oficios. Maestros obreros, todos campesinos, innobles. La mano en la pluma equivale a la mano en el arado. -¡Qué siglo de manos!- Yo jamás tendré una mano. Además, la domesticidad lleva demasiado lejos. La honradez de la mendicidad me desespera. Los criminales asquean como castrados: yo, por mi parte, estoy- intacto y eso me da lo mismo.

Pero, ¿qué es lo que ha dotado a mi lengua de tal perfidia, para que hasta aquí haya guardado y protegido mi pereza? Sin ni siquiera servirme de mi cuerpo para vivir y más ocioso que el sapo, he subsistido dondequiera. No hay familia en Europa a la que no conozca. -Hablo de familias como la mía, que todo se lo deben a la Declaración de los Derechos del Hombre-. ¡He conocido cada hijo de familia!

¡Si yo tuviera antecedentes en un punto cualquiera de la historia de Francia!

Pero no, nada.

Me resulta bien evidente que siempre he sido de raza inferior. Yo no puedo comprender la rebelión. Mi raza no se levantó jamás sino para robar: así los lobos al animal que no mataron.

Rememoro la historia de Francia, hija mayor de la Iglesia. Villano, hubiera yo emprendido el viaje a Tierra Santa; tengo en la cabeza rutas de las llanuras suabas, panoramas de Bizancio, murallas de Solima, el culto de liaría, el enternecimiento por el Crucificado, despiertan en mí entre mil fantasías profanas. Estoy sentado, leproso, sobre ortigas y tiestos rotos, al pie de un muro roído por el sol. Más tarde, reitre, hubiera vivaqueado bajo las noches de Alemania.

Ah, falta aún: danzo en el aquelarre, en un rojo calvero, con niños y con viejas. Mis recuerdos no van más lejos que esta tierra y que el cristianismo. Nunca acabaré de verme en ese pasado. Pero siempre solo; sin familia; hasta esto, ¿qué lengua hablaba? Jamás me veo en los consejos del Cristo; ni en los consejos de los Señores, representantes del Cristo.

¿Qué era yo en el siglo pasado? Sólo hoy vuelvo a encontrarme. No más vagabundos, no más guerras vagas. La raza inferior lo ha cubierto todo -el pueblo, como dicen-; la razón, la nación y la ciencia. ¡Oh, la ciencia! Todo se ha hecho de nuevo. Para el cuerpo y para el alma -el viático- tenemos la medicina y la filosofía-los remedios de comadres y los arreglos de canciones populares. ¡Y las diversiones de los príncipes y los juegos que ellos prohibían! ¡Geografía, cosmografía, mecánica, química! ...

¡La ciencia, la nueva nobleza! El progreso. ¡El mundo marcha! ¿Por qué no había de girar?

Es la visión de los números. Vamos al Espíritu. Esto es muy cierto, es oráculo esto que digo. Lo comprendo, pero como no sé explicarme sin palabras paganas, querría callar. La sangre pagana renace. El Espíritu está cerca, ¿por qué no me ayuda Cristo dando a mi alma nobleza y libertad? ¡Ay, el Evangelio ha fenecido! ¡El Evangelio! El Evangelio.

Yo espero a Dios con gula. Soy de raza inferior por toda la eternidad.

Heme aquí en la playa armoricana. Ya pueden iluminarse de noche las ciudades. Mi jornada ha concluido; dejo la Europa. El aire marino quemará mis pulmones; me tostarán los climas remotos. Nadar, aplastar la hierba, cazar, fumar sobre todo; beber licores fuertes como metal fundido --como hacían esos caros antepasados en torno de las hogueras.

Regresaré con miembros de hierro, la piel oscura, los ojos furiosos: de acuerdo a mi máscara, me juzgarán de raza fuerte. Tendré oro: seré ocioso y. brutal. Las mujeres cuidan a esos inválidos feroces que retornan de las tierras calientes. Me inmiscuiré en los asuntos políticos. Salvado.

Ahora estoy maldito, tengo horror de la patria. Lo mejor es un sueño bien ebrio, sobre la playa.

No hay tal partida. Retomemos los caminos de aquí, cargado con mi vicio, el vicio que ha hundido sus raíces de sufrimiento en mi flanco desde la edad de la razón, que sube al cielo, me golpea, me derriba, me arrastra.

La última timidez y la última inocencia. Está dicho. No mostrar al mundo mis ascos y mis traiciones.

¡Vamos! La caminata, el fardo, el desierto, el hastío y la cólera.

¿A quién alquilarme? ¿Qué bestia hay que adorar? ¿Qué santa imagen atacamos? ¿Qué corazones romperé? ¿Qué mentira debo sostener? ¿Entre qué sangre caminar?

Mas vale guardarse de la justicia. La vida dura, el simple embrutecimiento, levantar, con el puño seco, la tapa del ataúd, sentarse, sofocarse. Así, nada de vejez, ni de peligros: el terror no es francés.

-¡Ah! estoy tan desamparado, que ofrezco a cualquier divina imagen mis ímpetus de perfección.

¡Oh mi abnegación, oh mi caridad maravillosa! ¡Aquí abajo, no obstante! De profundis Domine, ¡si seré tonto!

Muy niño aún, admiraba yo al galeote intratable sobre el que siempre vuelve a cerrarse la prisión; visitaba las posadas y los albergues que él hubiera consagrado habitándolos; veía a través de su idea el cielo azul y el florido trabajo de los campos; husmeaba su fatalidad en las ciudades. Y él tenía más fuerza que un santo, más sentido común que un viajante)-y sólo se tenía a sí, ¡a sí mismo! como testigo de su razón y de su gloria. En las rutas, durante las noches de invierno, sin techo, sin ropas, sin pan, una voz me estrujaba el corazón helado: "Flaqueza o fuerza: ya está, es la fuerza. Tú no sabes adónde vas, ni por qué vas, entra en todas partes, responde a todo. No han de matarte más que si ya fueras un cadáver". A la mañana, tenía la mirada tan perdida y tan muerto el semblante que los que se encontraban conmigo acaso no me vieron.

En las ciudades, el barro se me aparecía de pronto rojo y negro, como un espejo cuando la lámpara circula en la pieza vecina, ¡como un tesoro en la selva! Buena suerte, gritaba yo, y veía en el cielo un mar de humo v de llamas; y a derecha, y, a izquierda, todas las riquezas ardían como un millar de rayos.

Pero la orgía y la camaradería de las mujeres me estaban prohibidas. Ni siquiera un compañero. Yo me veía ante una muchedumbre exasperada, frente al pelotón de ejecución, llorando la desgracia de que no hubieran podido comprender, ¡y perdonando! ¡Como Juana de Arco! "Sacerdotes, profesores, maestros, os equivocáis al entregarme a la justicia. Jamás he pertenecido a este pueblo; yo no he sido jamás cristiano; yo soy de la raza que cantaba en el suplicio; no comprendo las leyes; no tengo sentido moral, soy una bestia: os estáis equivocando ..."

Sí, tengo los ojos cerrados a vuestra luz. Yo soy un animal, un negro. Pero yo puedo ser salvado. Vosotros sois falsos negros, vosotros maniáticos, feroces, avaros. Mercader, tú eres negro; magistrado, tú eres negro; general, tú eres negro; emperador, vieja comezón, tú eres negro: tú has bebido un licor no tasado, de la fábrica de Satán. Este pueblo está inspirado por la fiebre y el cáncer. Inválidos y viejos son tan respetables, que merecen ser hervidos. Lo más discreto es abandonar este continente, donde ronda la locura para proveer de rehenes a esos miserables. Entro en el verdadero reino de los hijos de Cam.

¿Conozco al menos la naturaleza? ¿Me conozco? Basta de palabras. Sepulto a los muertos en mi vientre. ¡Gritos, tambor, danza, danza, danza, danza! Ni siquiera se me ocurre que a la hora en que los blancos desembarquen, yo caeré en la nada.

¡Hambre, sed, gritos, danza, danza, danza, danza!

Los blancos desembarcan. ¡El cañón! Hay que someterse al bautismo, vestirse, trabajar. He recibido en el corazón el rayo de la gracia. ¡Ah, no lo había previsto!

No he cometido mal alguno. Los días me van a ser ligeros, me será ahorrado el arrepentimiento. No habré padecido los tormentos del alma casi muerta para el bien, en la que vuelve a subir la luz, severa como los cirios funerarios. La suerte del hijo de familia, féretro prematuro cubierto de límpidas lágrimas. No hay duda de que el libertinaje es tonto, el vicio es tonto; hay que arrojar lejos la podredumbre. ¡Pero el reloj no habrá llegado a sonar solamente la hora del puro dolor! ¿Voy a ser arrebatado como un niño para jugar en el paraíso olvidado de toda la desgracia?

¡Pronto! ¿Hay otras vidas? El sueño en medio de la riqueza es imposible. La riqueza siempre ha sido bien público. Sólo el amor divino otorga las llaves de la ciencia. Veo que la naturaleza no es más que un espectáculo de bondad. Adiós quimeras, ideales, errores.

El canto razonable de los ángeles se alza desde el navío salvador: es el amor divino. ¡Dos amores! Puedo morir de amor terreno, morir de abnegación. ¡Yo he dejado almas cuya pena se acrecentará con mi partida! Vos me elegisteis de entre los náufragos; ¿no son amigos míos los que quedan?

¡Salvadlos! Me nació la razón. El mundo es bueno. Bendeciré la vida. Amaré a mis hermanos. Estas no son ya promesas infantiles. Ni la esperanza de escapar a la vejez y a la muerte. Dios es mi fuerza y yo alabo a Dios.

El hastío ha dejado de ser mi amor. Las cóleras, los libertinajes, la locura -cuyos impulsos y desastres conozco-, todo mi fardo está en el suelo. Apreciemos sin vértigo la extensión de mi inocencia. Ya no sería capaz de pedir la confortación de un apaleo. No me creo embarcado para unas bodas, con Jesucristo por suegro.

No soy prisionero de mi razón. He dicho: Dios. Quiero la libertad en la salvación: ¿cómo alcanzarla? Me abandonaron las aficiones frívolas. Ya no necesito la abnegación ni el amor divino. No echo de menos el siglo de los corazones sensibles. Cada cual tiene su razón, desprecio y caridad: retengo mi sitio en la cúspide de esta angélica escala de buen sentido.

En cuanto a la felicidad establecida, doméstica o no... no, no puedo. Estoy demasiado disperso, demasiado débil. La vida florece por el trabajo, vieja verdad: en cuanto a mí, mi vida no es suficientemente pesada, vuela y flota lejos por encima de la acción, ese caro lugar del mundo.

¡Cómo me vuelvo solterona, lo que me falta el coraje de amar la muerte!

Si Dios me concediera la calma celeste, aérea, la plegaria, como a los antiguos santos. ¡Los santos! ¡qué fuertes! Los anacoretas, ¡artistas como ya no los hay!

¡Farsa continua! Mi inocencia me da ganas de llorar. La vida es la farsa en la que todos figuramos.

¡Basta! He aquí el castigo. ¡En marcha! ¡Ah, los pulmones arden, las sienes zumban! ¡La noche rueda por mis ojos, con todo este sol! El corazón ... los miembros ...

Adónde vamos? ¿Al combate? ¡Yo soy débil! Los otros avanzan. Las herramientas, las armas... ¡el tiempo!...

¡Fuego! ¡Fuego sobre mí! ¡Aquí! O me rindo. ;Cobardes! ¡Yo me mato! ¡Yo me tiro alas patas de los caballos!

¡Ah! ...

-Ya me acostumbraré. ¡Eso sería la vida francesa, el sendero del honor!

Noche del infierno

He bebido un enorme trago de veneno. ¡Bendito tres veces el consejo que ha llegado hasta mí! Me queman las entrañas. La violencia del veneno me retuerce los miembros, me vuelve deforme, me derriba. Me muero de sed, me ahogo, no puedo gritar. ¡Es el infierno, la pena eterna! ¡Ved cómo se alza el fuego! Ardo como es debido. ¡Anda, demonio!

Yo había entrevisto la conversión al bien y a la felicidad, la salvación. ¡Pero cómo describiría mi visión, si el aire del infierno no soporta los himnos! Eran millones de criaturas encantadoras, un suave concierto espiritual, la fuerza y la paz, las nobles ambiciones, ¿qué sé yo? ¡Las nobles ambiciones!

¡Y esto sigue siendo la vida! ¡Si la condenación es eterna! Un hombre que se quiere mutilar está bien condenado, ¿no es así? Yo me creo en el infierno, luego estoy en él. Esto es el catecismo realizado. Soy esclavo de mi bautismo. Padres, habéis hecho mi desgracia y la vuestra. ¡Pobre inocente! El infierno no puede atacar a los paganos. ¡Esto sigue siendo la vida! Más tarde, las delicias de la condenación serán más profundas. Un crimen, pronto, y que caiga yo en la nada, según la ley humana.

¡Pero calla, cállate! ... Aquí están la vergüenza, el reproche: Satán que dice que el fuego es innoble, que mi cólera es espantosamente estúpida. ¡Basta! ... Son errores que me susurran, magias, perfumes falsos, músicas pueriles.

-Y decir que yo poseo la verdad, que veo la justicia: tengo un juicio sano y firme, estoy a punto para la perfección... Orgullo-. La piel del cráneo se me deseca. ¡Piedad! Señor, tengo miedo. ¡Tengo sed, tanta sed! Ah, la infancia, la hierba, la lluvia, el lago sobre las piedras, el claro de luna cuando en el campanario sonaban las doce... a esa hora el diablo está en el campanario. ¡María! ¡Virgen Santa!... Horror de mi estulticia.

Allá lejos, ¿no hay almas honestas que me quieren bien?... Venid... Tengo una almohada sobre la boca y ellas no me oyen, son fantasmas. Además, nadie piensa nunca en los otros. Que no se me acerquen. Es seguro que huelo a chamusquina.

Las alucinaciones son innumerables. Esto es de veras lo que me pasó siempre: ninguna fe en la historia, olvido de todos los principios. Me lo callaré: Poetas y visionarios se pondrían celosos. Yo soy mil veces más rico, seamos avaros como el mar.

¡Ah, es eso! El reloj de la vida se ha detenido hace un momento. Ya no estoy en elmundo. La teología es seria, el infierno está ciertamente abajo -y el cielo arriba-. Éxtasis, pesadilla, sueño en un nido de llamas.

Cuántas malicias para atender los campos ... Satán, Fernando, corre con las semillas silvestres... Jesús camina sobre las zarzas purpúreas, sin doblarlas... Jesús caminaba sobre las aguas irritadas. La linterna nos lo mostró de pie, blanco y las crenchas brunas, en el flanco de una ola de esmeralda ...

Voy a descorrer el velo de todos los misterios: misterios religiosos o naturales, muerte, nacimiento, porvenir, pasado, cosmogonía, nada. Yo soy maestro en fantasmagorías. ¡Escuchad! ...

¡Yo tengo todos los talentos! Aquí no hay nadie y hay, alguien: no querría derrochar mi tesoro. ¿Queréis cantos negros, danzas de huríes? ¿Queréis que desaparezca, que me hunda en busca del anillo? ¿Lo queréis? Fabricaré oro, medicamentos.

Fiaos en mí, la fe consuela, guía, cura. Venid, todos, hasta los niños pequeños, para que os consuele, para que se prodigue en vosotros su corazón, ¡el corazón maravilloso! ¡Pobres hombres, trabajadores! No pido plegarias; con sólo vuestra confianza, seré feliz. Y pensemos en mí. Esto hace que añore poco el mundo. Tengo la suerte de no sufrir más. Mi vida fue sólo una serie de dulces locuras, es lamentable.

¡Bah! Hagamos todas las muecas imaginables.

Decididamente, estamos fuera del mundo. No más sonido. Mi tacto desapareció. ¡Ah! mi castillo, mi Sajonia, mi bosque de sauces. Las tardes, las mañanas, las noches, los días... ¡Si estaré cansado!

Yo debería tener un infierno para mi cólera, un infierno para mi orgullo, y el infierno de las caricias; un concierto de infiernos.

Me muero de cansancio. Esto es la tumba, voy hacia los gusanos, ¡horror de los horrores! Satán, farsante, tú quieres disolverme con tus hechizos. Yo reclamo. ¡Yo reclamo un golpe de tridente, una gota de fuego!

¡Ah, subir de nuevo a la vida! ¡Poner los ojos sobre nuestras deformidades! ¡Y ese veneno, ese beso mil veces maldito! ¡Mi flaqueza, la crueldad del mundo! ¡Dios mío, piedad, ocultadme, me siento demasiado mal! Estoy oculto y no lo estoy.

Es el fuego que se alza con su condenado.

Delirios I
LA VIRGEN LOCA
EL ESPOSO INFERNAL

Escuchemos la confesión de un compañero de infierno:

«Oh divino Esposo, mi Señor, no rechacéis la confesión de la más triste de vuestras sirvientas. Estoy perdida. Estoy borracha. Estoy impura. ¡Qué vida!

»¡Perdón, divino Señor, perdón! ¡Ah, perdón! ¡Qué de lágrimas! ¡Y qué de lágrimas espero más tarde, todavía!

»¡Más tarde, conoceré al divino Esposo! Yo nací sometida a El.

-¡El otro puede golpearme ahora!

»¡Ahora, estoy en el fondo del mundo! ¡Oh amigas mías!... no, no sois mis amigas... Jamás delirios ni torturas semejantes ... ¡Es idiota!

»¡Ah! yo sufro, grito. Sufro en verdad. Sin embargo, todo me está permitido, cargada con el desprecio de los más despreciables corazones.

»En fin, hagamos esta confidencia, aunque haya de repetírsela veinte veces más, ¡igualmente sombría, igualmente insignificante!

»Yo soy esclava del Esposo infernal, aquel que perdió a las vírgenes locas. Es precisamente ese demonio. No es un espectro, no es un fantasma. Pero a mí, que he perdido la prudencia, que estoy condenada y muerta para el mundo, ¡no me han de matar! ¡Cómo describíroslo! Ya ni siquiera sé hablar. Estoy de duelo, lloro, tengo miedo. ¡Un poco de frescura, Señor, si lo consentís, si así lo consentís!

»Yo soy viuda ... Era viuda ... por cierto que sí, yo era muy seria antaño, ¡y no nací para convertirme en esqueleto!...

El era casi un niño... Sus delicadezas misteriosas me sedujeron. Olvidé todo mi deber humano para seguirlo. ¡Qué vida! La verdadera vida está ausente. No pertenecemos al mundo. Yo voy adonde él va, no hay qué hacerle. Y a menudo él se encoleriza contra mí, contra mí, una pobre alma. ¡El Demonio! Porque es un Demonio, sabéis, no es un hombre.

»El dice: "Yo no amo a las mujeres. Hay que reinventar el amor, es cosa sabida. Ellas no pueden desear más que una posición segura. Conquistada la posición, corazón y belleza se dejan de lado: sólo queda un frío desdén, alimento del matrimonio hoy por hoy. O bien veo mujeres, con los signos de la felicidad, de las que yo hubiera podido hacer buenas camaradas, devoradas desde el principio por brutos sensibles como fogatas ..."

»Yo lo escucho hacer de la infamia una gloria, de la crueldad un hechizo. "Soy de raza lejana: mis padres eran escandinavos; se perforaban las costillas, se bebían la sangre. Yo me voy a hacer cortaduras por todo el cuerpo, me voy a tatuar, quiero volverme horrible como un mongol: ya verás, aullaré por las calles. Quiero volverme loco de rabia. Jamás me muestres joyas, me arrastraría y me retorcería sobre la alfombra. Mi riqueza, y o la querría toda manchada de sangre. Jamás trabajaré ..."

»Muchas noches, como su demonio se apoderara de mí, nos molíamos a golpes, ¡yo luchaba con él! Por las noches, ebrio a menudo, se embosca en las calles o en las casas, para espantarme mortalmente. "De veras, me van a cortar el pescuezo; va a ser asqueroso". ¡Oh! esos días en que quiere aparecer con aires de crimen.

»A veces habla, en una especie de dialecto enternecido, de la muerte que trae el arrepentimiento, de los desdichados que indudablemente existen, de los trabajos penosos, de las partidas que desgarran el corazón. En los tugurios donde nos emborrachábamos, él lloraba al considerar a los que nos rodeaban, rebaño de la miseria. Levantaba del suelo a los beodos en las calles oscuras. Sentía la piedad de una mala madre por los niños pequeños. Ostentaba gentilezas de niñita de catecismo. Fingía estar enterado de todo, comercio, arte, medicina. ¡Yo lo seguía, no había nada que hacer! »Veía todo el decorado de que se rodeaba en su imaginación; vestimentas, paños, muebles; yo le prestaba armas, otro rostro. Yo veía todo lo que lo emocionaba, como él hubiera querido crearlo para sí. Cuando me parecía tener el espíritu inerte, lo seguía, yo, en acciones extrañas y complicadas, lejos, buenas o malas: estaba segura de no entrar nunca en su mundo. Junto a su querido cuerpo dormido, cuántas horas nocturnas he velado, preguntándome por qué deseaba tanto evadirse de la realidad. Jamás hombre alguno tuvo ansia semejante. Yo me daba cuenta -sin temer por él- que podía ser un serio peligro para la sociedad. ¿Quizá tiene secretos para transformar !a vida? No, no hace más que buscarlos, me replicaba yo. En fin, su caridad está embrujada y soy su prisionera. Ninguna otra alma tendría suficiente fuerza -¡fuerza de desesperación!- para soportarla, para ser protegida y amada por él. Por lo demás, yo no me lo figuraba con otra alma: uno ve su Ángel, jamás el Ángel ajenosegún creo-. Yo estaba en su alma como en un palacio que se ha abandonado para no ver una persona tan poco noble como nosotros: eso era todo. ¡Ay! dependía de él por completo. ¿Pero qué pretendía él de mi existencia cobarde y opaca? ¡Si bien no me mataba, tampoco me volvía mejor! Tristemente despechada, le dije algunas veces: "Te comprendo". El se encogía de hombros.

»Así, como mi pena se renovara sin cesar, y como me sintiera más extraviada ante mis propios ojos -¡como ante todos los ojos que hubieran querido mirarme, de no haber estado condenada para siempre al olvido de todos!- tenía cada vez más y más hambre de su bondad. Con sus besos y sus abrazos amistosos, yo entraba realmente en un cielo, un sombrío cielo, en el que hubiera querido que me dejaran pobre, sorda, muda, ciega. Ya empezaba a acostumbrarme. Y nos veía a ambos, como a dos niños buenos, libres de pasearse por el Paraíso de la Tristeza. Nos poníamos de acuerdo.

Muy emocionados, trabajábamos juntos. Pero después de una penetrante caricia, me decía: "Cuando yo ya no esté, qué extraño te parecerá esto por que has pasado. Cuando ya no tengas mis brazos bajo tu cuello, ni mi corazón para descansar en él, ni esta boca sobre tus ojos. Porque algún día, tendré que irme, muy lejos. Pues es menester que ayude a otros: tal es mi deber. Aunque eso no sea nada apetitoso... alm4a querida..." De inmediato yo me presentía, sin él, presa del vértigo, precipitada en la sombra más tremenda: la muerte. Y le hacía prometer que no me abandonaría. Veinte veces me hizo esa promesa de amante. Era tan frívolo como yo cuando le decía: "Te comprendo".

»Ah, jamás he tenido celos de él. Creo que no ha de abandonarme. ¿Qué haría? No conoce a nadie, jamás trabajará. Quiere vivir sonámbulo. ¿Bastarían su bondad y su caridad para otorgarle derechos en el mundo real? Por momentos, olvido la miseria en que he caído: él me tornará fuerte, viajaremos, cazaremos en los desiertos, dormiremos sobre el empedrado de ciudades desconocidas, sin cuidados, sin penas. O yo me despertaré, y las leyes y, las costumbres habrán cambiado-gracias a su poder mágico-; el mundo, aunque continúe siendo el mismo, me dejará con mis deseos, con mis dichas, con mis indolencias. ¡Oh! me darás la vida de aventuras que existe en los libros para niños, como recompensa, por tanto como he sufrido? Pero él no puede. Yo ignoro su ideal. Me ha dicho que siente nostalgias, esperanzas: eso no debe concernirme. ¿Le habla a Dios?

»Quizá debiera yo dirigirme a Dios. Estoy en lo más profundo del abismo, y ya no sé orar.

»Si él me explicara sus tristezas, ¿las comprendería yo mejor que sus burlas? Me ataca, pasa horas avergonzándome con todo lo que ha podido conmoverme en el mundo; y se indigna si lloro.

»"¿Ves a ese joven elegante que entra en una hermosa y tranquila residencia? Se llama Duval, Dufour, Armando, Mauricio, ¿qué sé yo? Una mujer se ha consagrado a amar a ese malvado idiota: ella ha muerto, y es seguro que ahora es una santa en el cielo. Tú causarás mi muerte, como él causó la muerte de esa mujer. Esa es la suerte que nos toca a nosotros, corazones caritativos..." ¡Ay! había días en que todos los hombres con sus actos parecíanle juguetes de grotescos delirios: y, se reía espantosamente, durante largo rato. Luego, recuperaba sus maneras de joven madre, de hermana querida. ¡Si fuera menos salvaje, estaríamos salvados! Pero también su dulzura es mortal. Yo me le someto. ¡Ah, estoy loca!

»Acaso un día desaparezca maravillosamente; pero es menester que yo sepa si ha de subir a algún cielo, ¡que pueda ver un poco la asunción de mi amiguito!»

¡Vaya una pareja!

Delirios II

LA ALQUIMIA DEL VERBO

Ahora yo. La historia de una de mis locuras. Desde hacía largo tiempo, me jactaba de poseer todos los paisajes posibles, y encontraba irrisorias las celebridades de la pintura y de la poesía moderna.

Me gustaban las pinturas idiotas, dinteles historiados, decoraciones, telas de saltimbanquis, carteles, estampas populares; la literatura anticuada, latín de iglesia, libros eróticos sin ortografía, novelas de nuestras abuelas, cuentos de hadas, libritos para niños, óperas viejas, canciones bobas, ritmos ingenuos.

Soñaba con cruzadas, con viajes de descubrimientos de los que no hay relatos, con repúblicas sin historia, guerras de religión sofocadas, revoluciones de costumbres, desplazamientos de razas y de continentes: creía en todos los encantamientos.

¡Inventé el color de las vocales! -A negra, E blanca, I roja, O azul, U verde-. Reglamenté la forma y el movimiento de cada consonante y me vanagloriaba de inventar, con ritmos instintivos, un verbo poético accesible, cualquier día, a todos los sentidos. Me reservaba la traducción. Al principio fue un estudio. Yo escribía silencios, noches, anotaba lo inexpresable. Fijaba vértigos.

Lejos de pájaros, de aldeanas, de rebaños,¿Qué bebía, de hinojos en aquella maleza Circundada de tiernos boscajes de avellanos, Entre la bruma tibia y verde de la siesta? ¿Qué podía beber en ese joven río,

-¡Olmos sin voz, cielo oscuro, césped sin flor! En gualdas cantimploras, sin mi choza querida? Haciéndome sudar, algún áureo licor Parecía el equívoco cartel de una taberna. -Una tormenta borró el cielo. Al atardecer El agua de los bosques huyó hacia arenas vírgenes, Dios en los charcos carámbanos dejó caer. Lloré mirando el oro -y no pude beber.

A las cuatro de la mañana, en el verano, El sueño del amor aún se prolonga. De la noche de fiesta, en los boscajes, El olor se evapora.

Bajo del sol de las Hespérides, Lejos, en su vasto astillero, En mangas de camisa agítanse LosCarpinteros.

En sus Desiertos de musgo, tranquilos, Preparan los artesones dorados, En los que la ciudad Pintará cielos falsos.

Oh, por esos Obreros admirables, Súbditos de algún rey de Babilonia, ¡Venus! deja uninstante los Amantes Cuya alma lleva tu corona.

Oh Reina de Pastores, Ofrece a los trabajadores el licor de alegría, Que apacigüe sus fuerzas, En espera del baño de mar a mediodía.

Las vejeces poéticas eran buena parte de mi alquimia del verbo.

Me acostumbré a la alucinación simple: veía muy claramente una mezquita en lugar de una fábrica, una escuela de tambores instalada por los ángeles, calesas en las rutas del cielo, un salón en el fondo de un lago; monstruos, misterios; un título de sainete erigía es

pantos delante de mí. ¡Después explicaba mis sofismas mágicos con la alucinación de las palabras! Acabé por encontrar sagrado el desorden de mi espíritu. Permanecía ocioso, presa de

una pesada fiebre: envidiaba la felicidad de los animales; las orugas, que representan la inocencia de los limbos; los topos, el sueño de la virginidad. Se me agriaba el carácter. Decía adiós al mundo con unas especies de romances:

CANCIÓN DE LA MÁS ALTA TORRE

Que llegue, que llegue, El tiempo en que se quiere.

Tanta paciencia tuve Que todo lo he olvidado.Temores y dolores Al cielo se han volado. Y la malsana sed Mis venas ha nublado.

Que llegue, que llegue, El tiempo en que se quiere.

Tal como la pradera Entregada al olvido, En que incienso y cizañas Creciendo han florecido,Bajo las sucias moscas Y su feroz zumbido.

Que llegue, que llegue, El tiempo en que se quiere.

Yo amaba el desierto, los vergeles quemados, las tiendas marchitas, las bebidas tibias. Me arrastraba por las callejas hediondas y con los ojos cerrados, me ofrecía al sol, dios de fuego.

«General, si queda un viejo cañón sobre tus murallas derruidas, bombardéanos con bloques de tierra seca. ¡Bombardea los espejos de los almacenes espléndidos! ¡Bombardea los salones! Haz tragar su polvo a la ciudad. Oxida las gárgolas. Llena los tocadores de briznas de rubí quemante ...»

¡Oh! el moscardón embriagado en el mingitorio de la posada, enamorado de la borraja y al que disuelve un rayo de luz.

HAMBRE

Si tengo apetito es sólo

De la tierra y de las piedras.Yo almuerzo siempre con aire,Hierro, carbones y peñas. Hambres mías, girad. Hambres, cruzad El prado de sonidos. Atraed el veneno alegreDe los lirios.Comed los cascotes rotos, Piedras de viejas iglesias, Guijas de antiguos diluvios, Panes sueltos en grises glebas.

El lobo aullaba entre el follaje, Las bellas plumas escupiendo De su comida de volátiles:
Como él me estoy consumiendo.
Las ensaladas, las frutas,Sólo esperan la cosecha; Pero la araña del seto No come más
que violetas.
¡Que yo duerma! Que borbotee En los altares de Salomón. El hervor corre por la
herrumbre, Y se mezcla con el Cedrón.
Por fin, oh felicidad, oh razón, aparté del cielo el azur, que es negro, y viví, chispa de
oro de la luz naturaleza. En mi alegría, adopté la expresión más bufonesca y extraviada
que pueda concebirse:
¡Ha sido encontrada! -¿ Qué?- La eternidad. Es, al sol mezclada,
La mar.
Alma mía eterna,A tu voto haz honor, Pese a la noche sola, Y del día al fulgor.
¡Tú te liberas, pues, De humanos formularios, De impulsos ordinarios! Y vuelas al
través...
-Jamás ya la esperanza.

No hay orietur, te juro. La ciencia y la paciencia, El suplicio es seguro.
Ni un mañana queda,
Oh brasas de seda,
Vuestro arder
Es el deber.
Ha sido encontrada! -¿Qué?- La Eternidad. Es, al sol mezclada,
La mar.
Me convertí en una ópera fabulosa: vi que todos los seres tienen una fatalidad de dicha:
la acción no es la vida, sino una manera de estropear cualquier fuerza, un enervamiento.
La moral es una flaqueza del cerebro.
Me parecía que a cada ser le eran debidas otras vidas. Ese señor no sabe lo que hace: es
un ángel. Esta familia es una camada de perros. Ante muchos hombres, hablaba yo en
voz alta con un momento de alguna de sus otras vidas. De ese modo, amé a un puerco.
Ninguno de los sofismas de la locura -de la locura a la que se encierra-, fue olvidado por
mí; podría repetirlos a todos; tengo el sistema.
Mi salud se vio amenazada. Me invadía el terror. Caía en sopores de varios días, y una
vez levantado, continuaba con los sueños más tristes. Estaba maduro para la muerte, y
por una ruta de peligros, mi debilidad me conducía hacia los confines del mundo y de la
Cimeria, patria de la sombra y los torbellinos.

Tuve que viajar, para distraer los hechizos reunidos en mi cerebro. Sobre el mar, que
amaba como si hubiera tenido que lavarme de una mácula, veía yo alzarse la Cruz
consoladora. Había sido condenado por el arco iris. La Dicha era mi fatalidad, mi re-
mordimiento, mi gusano: mi vida sería siempre demasiado inmensa para consagrarla a
la belleza y a la fuerza.

¡La Dicha! Sus dientes, suaves para la muerte, me advertían al cantar el gallo -ad
matutinum, al Christus venit-, en las ciudades más sombrías:

¡Oh castillos, oh estaciones! ¿Qué alma no tiene reproche?

Estudié el mágico enigma De la ineludible dicha.

Saludemos su regalo, Cuando canta el gallo galo. Ya no tendré más envidia: Se ha
encargado de mi vida.

Su hechizo el alma y el cuerpo Cogió, y dispersó el esfuerzo.

¡Oh castillos, oh estaciones! La hora de su fuga, ¡oh suerte!

Será la hora de la muerte

¡Oh castillos, oh estaciones!

Todo eso ha pasado. Hoy, sé saludar la belleza.

Lo imposible

¡Ah! esa vida de mi infancia, la gran ruta accesible en todo tiempo, sobrenaturalmente sobrio, más desinteresado que el mejor de los mendigos, orgulloso de no tener ni patria ni amigos, qué bobería fue. ¡Y sólo ahora me doy cuenta!

-Yo tenía razón al despreciar a esos benditos que no se perderían la ocasión de una caricia, parásitos de la limpieza y de la salud de nuestras mujeres, hoy que ellas se entienden tan poco con nosotros.

He tenido razón en todos mis desdenes: ¡puesto que me escapo!

¡Me escapo!

Voy a explicarme.

Hasta ayer, suspiraba yo aún: "¡Cielos! ¡Cuántos somos los condenados aquí abajo! ¡Hace tanto tiempo ya que pertenezco a su cuadrilla! Los conozco a todos. Nosotros nos reconocemos siempre y nos asqueamos. La caridad nos es desconocida. Pero somos corteses; nuestras relaciones con el mundo son muy correctas." ¿Es sorprendente? ¡El mundo! ¡Los mercaderes, los ingenuos! Nosotros no estamos deshonrados. ¿Pero cómo habían de recibirnos los elegidos? Ahora bien, hay gentes hurañas y alegres, falsos elegidos, puesto que necesitamos audacia o humildad para abordarlos. Y esos son los únicos elegidos. ¡Que no están nada dispuestos a echar bendiciones.

Al recobrar dos céntimos de razón -¡cosa muy pasajera!-veo que mis males provienen de no haber pensado a tiempo que estamos en el Occidente. ¡Los pantanos occidentales! No es que suponga la luz alterada, la forma extenuada, el movimiento extraviado... ¡Bueno! Ahora resulta que mi espíritu quiere ocuparse en absoluto de todos los desarrollos crueles sufridos por el espíritu desde que acabó el Oriente... ¡Mi espíritu lo quiere así!

... ¡Mis dos céntimos de razón se han terminado! El espíritu es autoridad y quiere que yo esté en Occidente. Habría que hacerlo callar para llegar a la conclusión que yo deseaba. Yo mandaba al diablo las palmas de los mártires, los esplendores del arte, el orgullo de los inventores, el ardor de los pillastres; regresaba al Oriente y a la sabiduría primitiva y eterna. ¡Parece que ha sido un sueño de grosera pereza!

Sin embargo, no pensaba para nada en el placer de escapar a los sufrimientos modernos. No tenía en vista la sabiduría bastarda del Corán. ¿Pero no es un suplicio real el que, a partir de esta declaración de la ciencia, el cristianismo, el hombre se engañe, se pruebe las evidencias, se hinche de placer al repetir esas pruebas y no viva más que de ese modo? Tortura sutil, bobalicona; fuente de mis divagaciones espirituales. ¡La naturaleza podría aburrirse, quizá! El señor Prudhomme ha nacido junto con el Cristo.

¡Y ha de ser porque cultivamos la bruma! Devoramos la fiebre con nuestras legumbres acuosas. ¡Y la borrachera! ¡Y el tabaco! ¡Y la ignorancia! ¡Y las abnegaciones! ¡Todo esto está a cien leguas de la sabiduría del Oriente, la patria primitiva! ¡Para qué un mundo moderno, si se han de inventar semejantes venenos!

Las gentes de Iglesia dirán: Comprendido. Pero vos queréis hablar del Edén. Nada hay para vos en la historia de los pueblos orientales. -Es cierto; ¡era en el Edén en lo que pensaba! ¡Qué significa ante mi sueño esa pureza de las razas antiguas!

Los filósofos: El mundo no tiene edad. La humanidad se desplaza, simplemente. Vos estáis en Occidente, pero sois libre de habitar en vuestro Oriente, por antiguo que os sea menester -y de habitarlo a gusto-. No hay que declararse vencido. Filósofos, vosotros pertenecéis a vuestro Occidente.

Espíritu mío, ten cuidado. Nada de medios violentos de salvación. ¡Ejercítate! ¡Ah, la ciencia no va suficientemente a prisa para nosotros!

Pero me doy cuenta de que mi espíritu duerme. ¡Si estuviera siempre bien despierto a partir de este momento, pronto llegaríamos a la verdad, que nos rodea acaso con sus llorosos ángeles! ... Si hubiera estado despierto hasta este momento, sería por no haber cedido yo a los instintos deletéreos, en una época inmemorial... ¡Si siempre hubiera estado bien despierto, yo bogaría en plena sabiduría! ...

¡Oh pureza! ¡Pureza!

Este minuto de vigilia me ha concedido la visión de la pureza. ¡Por el espíritu se va a Dios! ¡Lacerante infortunio!

El relámpago

¡El trabajo humano! Esta es la explosión que ilumina mi abismo de cuando en cuando. «Nada es vanidad; ¡hacia la ciencia y adelante!" grita el moderno Eclesiastés, es decir, Todo el mundo. Y sin embargo, los cadáveres de los malvados y de los holgazanes caen sobre el corazón de los demás... Ah, de prisa, un poco más de prisa; allá lejos, más allá de la noche, esas recompensas futuras, eternas... ¿las perderemos?...

-¿Qué puedo hacer yo? Conozco el trabajo; y la ciencia es demasiado lenta. Que la plegaria galope y que zumbe la luz... bien lo comprendo. Es demasiado sencillo y hace demasiado calor; se pasarán sin mí. Yo tengo mi deber, y me enorgulleceré de él como hacen tantos, dejándolo a un lado.

Mi vida está gastada. ¡Vamos! Finjamos, holguemos, ¡oh piedad! Y subsistiremos divirtiéndonos, soñando con amores monstruosos y universos fantásticos, quejándonos y querellando las apariencias del mundo, saltimbanqui, mendigo, artista, bandido, ¡sacerdote! En mi lecho de hospital, el olor del incienso ha vuelto a mí con tanta intensidad; guardián de los sagrados aromas, mártir, confesor...

Reconozco en esto la triste educación de mi infancia. ¡Y además, qué importa!... Caminar mis veinte años si los otros caminan veinte años...

¡No! ¡No! ¡Ahora me rebelo contra la muerte! El trabajo parece demasiado liviano a mi orgullo: mi traición al mundo sería un suplicio demasiado corto. En el último momento, atacaría a izquierda y derecha...

Entonces, ¡oh, pobre alma querida!, ¡puede que la eternidad no estuviera perdida para nosotros!

Mañana

¿No tuve yo alguna vez una juventud amable, heroica, fabulosa, como para escribirla en hojas de oro? ¡Demasiada suerte! ¿Por qué crimen, por qué error he merecido mi actual flaqueza? Vosotros, que pretendéis que las bestias exhalen sollozos de pesar, que los enfermos desesperen, que los muertos tengan pesadillas, tratad de relatar mi sueño y mi caída. Por mi parte, no puedo explicarme mejor de lo que lo hace el mendigo con sus continuos Pater y Aventaría. ¡Ya no sé hablar!

No obstante, hoy, creo haber terminado la narración de mi infierno. Era de veras el infierno; el antiguo, aquel cuyas puertas abrió el Hijo del Hombre. Desde el mismo desierto, en la misma noche, mis ojos cansados se abren siempre a la estrella de plata, siempre, sin que se conmuevan los Reyes de la vida, los tres magos, el corazón, el alma, el espíritu. ¿Cuándo iremos, más allá de las playas y de los montes, a saludar el nacimiento del nuevo trabajo, de la nueva sabiduría, la huída de los tiranos y de los demonios, el fin de la superstición; a adorar -¡los primeros!- la Navidad sobre la tierra?

¡El canto de los cielos, la marcha de los pueblos! Esclavos, no maldigamos la vida. Adiós

¡El otoño ya! ¿Pero por qué añorar un eterno sol, si estamos empeñados en el descubrimiento de la claridad divina, lejos de las gentes que mueren en las estaciones? El otoño. Nuestra barca, alzándose en las brumas inmóviles, gira hacia el puerto de la miseria, la ciudad enorme con su cielo maculado de fuego y lodo. ¡Ah, los harapos podridos, el pan empapado de lluvia, la embriaguez, los mil amores que me han crucificado! ¡De modo que nunca ha de acabar esta reina voraz de millones de almas y de cuerpos muertos y que serán juzgados! Yo me vuelvo a ver con la piel roída por el fango y la peste, las axilas y los cabellos llenos de gusanos y con gusanos más gruesos aún en el corazón, yacente entre desconocidos sin edad, sin sentimiento... Hubiera podido morir allí ... ¡Qué horrible evocación! Yo detesto la miseria.

¡Y temo al invierno porque es la estación de la comodidad!

A veces veo en el cielo playas sin fin, cubiertas de blancas y gozosas naciones. Por encima de mí, un gran navío de oro agita sus pabellones multicolores bajo las brisas matinales. Yo he creado todas las fiestas, todos los triunfos, todos los dramas. He tratado de inventar nuevas flores, nuevos astros, nuevas carnes, nuevas lenguas. Yo he creído adquirir poderes sobrenaturales. ¡Pues bien! ¡Tengo que enterrar mi imaginación y mis recuerdos! ¡Una hermosa gloria de artista y de narrador desvanecida!

¡Yo! ¡Yo que me titulara ángel o mago, que me dispensé de toda moral, soy devuelto a la tierra, con un deber que perseguir y la rugosa realidad para estrechar! ¡Campesino! ¿Estoy engañado? ¿Sería para mi la caridad hermana de la muerte?

En fin, pediré perdón por haberme nutrido de mentira. Y vamos.

¡Peto ni una mano amiga! ¿Y dónde conseguir socorro?

Sí, la nueva hora es, por lo menos, muy severa.

Pues yo puedo decir que alcancé la victoria: el rechinar de dientes, los silbidos de fuego, los suspiros

pestilentes, se moderan. Todos los recuerdos inmundos se borran. Mis últimas añoranzas se escabullen celos de los mendigos, de los bandoleros, de los amigos de la muerte, de los retardados de todas clases. ¡Si yo me vengara, condenados!

Hay que ser absolutamente moderno.

Nada de cánticos: conservar lo ganado. ¡Dura noche! La sangre seca humea sobre mi rostro, y no tengo cosa alguna tras de mí, ¡fuera de ese horrible arbolillo!... El combate espiritual es tan brutal como las batallas de los hombres; pero la visión de la justicia es sólo el placer de Dios.

Entre tanto, estamos en la víspera. Recibamos todos los influjos de vigor y de real ternura. Y a la aurora, armados de una ardiente paciencia, entraremos en las espléndidas ciudades.

¡Qué hablaba yo de mano amiga! Es una buena ventaja que pueda reírme de los viejos amores mentirosos, y cubrir de vergüenza a esas parejas embaucadoras he visto allá el infierno de las mujeres; y me será permitido poseer la verdad en un alma y un cuerpo. Abril-agosto, 1873

FIN